ZÜRICH BY RENÉ DÜRR

Publiziert mit freundlicher Unterstützung der Stadt Zürich.

 **Stadt Zürich**
Kultur

Zürich by René Dürr

© 2025 AS Verlag & Buchkonzept AG
Ein Verlag der Lesestoff-Gruppe
Oberdorfstrasse 32, Postfach, CH-8024 Zürich
verlage@lesestoff.ch
Projektleitung: AS Verlag, Philipp Ramer
Gestaltung und Satz: AS Verlag & Grafik, Urs Bolz
Korrektorat: Corinne Hügli
Druck und Bindung: BALTO print
Auslieferung EU: PROLIT Verlagsauslieferung GmbH
Siemensstraße 16, 35463 Fernwald, gpsr@PROLIT.de
ISBN 978-3-03913-039-9
Alle Rechte vorbehalten

Besuchen Sie uns im Internet: www.as-verlag.ch

Der AS Verlag wird vom Bundesamt für Kultur
für die Jahre 2021–2025 unterstützt.

ZÜRICH

BY RENÉ DÜRR

TEXTE: SABINE VON FISCHER

AS VERLAG

VORWORT

Die Bilder in diesem Buch fotografierte René Dürr mittels einer Alpa-Fachkamera und Objektiven mit 32- oder 40-, seltener 100-Millimeter-Brennweite in den Jahren 2019 bis 2024.

Dürrs Fotografien sind Übersichtsbilder, die in Langzeitbelichtungen die Stimmungen und das Zusammenspiel vorgefundener Situationen einfangen. Zuweilen ergeben sich Bildkompositionen, die losgelöst vom Ort ihrer Entstehung Flächen, Farben und Formen kombinieren. Sie eröffnen neue Horizonte für Gedanken – zu den Möglichkeitsräumen, Bewegungen und Aktivitäten aller Lebewesen, die diese zeitlos aufgenommenen Situationen künftig durchqueren werden oder früher hier weilten.

René Dürrs in Zürich fotografierten Räume sind überraschend vielseitig. Die Aufnahmen sind oft zentral oder über Eck angelegt, um die Verzerrung der weitwinkligen Perspektive zu umgehen. Diese Technik wird den Architekturen aller Epochen, den Fabrikbauten aus dem 18. genauso wie den Bürotürmen aus dem 21. Jahrhundert gerecht, und ebenso dem Nebeneinander von Kanten und Nebeln, von Monumentalem und Vergänglichem. Auch diese Übergänge spielen eine wichtige Rolle, wenn sich beim Betrachten der gleichzeitig poetisch und pragmatisch anmutenden Fotografien in unseren Köpfen immer wieder neue Geschichten und Szenarien entfalten.

Sabine von Fischer

INHALT

DEM WASSER ENTLANG

Limmat, Fraumünster, St. Peter, Grossmünster

DEM WASSER ENTLANG

Die Stadt ist immer in Bewegung. Die Menschen sind es auch: Ob sie zur Arbeit fahren, durch Läden bummeln, ein Museum besuchen, ob sie aus der Schule, aus dem Theater oder von einem Fest heimkehren – von frühmorgens bis spätabends durchqueren sie für diese oder jene Aktivität die Stadt. Sie flanieren und drängeln, begrüssen sich manchmal, sind aufmerksam oder auch nicht.

Die Stadt ist ein Raum vieler Möglichkeiten. Wie ein Bühnenbild, in dem ein Theater stattfindet, wartet sie auf die Menschen, die diese Räume beleben werden. Sie kümmert sich nicht um die Aufmerksamkeit ihrer Bewundererinnen und Bewunderer, vielmehr bietet sie einen Raum für Zukünftiges und birgt Erinnerungen an Vergangenes.

Die Bilder in diesem Buch enthüllen Augenblicke aus der Stadt Zürich. Die Orte entdeckt hat der Fotograf René Dürr, der seit seiner Kindheit in Zürichs Norden lebt und während vieler Jahrzehnte Bauten und Räume in verschiedensten Teilen der Stadt dokumentiert hat. Während der letzten sechs Jahre hat er diese Orte wieder aufgesucht und neu fotografiert.

Die Zeit spielt bei Dürrs fotografischen Durchquerungen der Stadt eine grosse Rolle. Das Belich-ten seiner Fotografien geschieht oft über mehrere Minuten, also viel länger als die Sekundenbruch-teile, auf welche Kameras üblicherweise eingestellt sind. Die Bewegungen der Stadt werden dabei so unscharf, dass sie verschwinden. Nicht der Moment, die Hektik des Alltags oder ein Haschen um Aufmerksamkeit liefern die Themen dieser Bilder, sondern die Orte an sich. Die Situationen, wie sie in den Fotografien in diesem Buch festgehalten sind, haben wenig mit der Gegenwart zu tun. Sie zeigen keine aktuellen Ereignisse. Vielmehr sind sie ein Speicher von Erinnerungen und ein Möglichkeits-raum zukünftiger Momente.

Anders als die zu- und abnehmenden, hek-tischen und trägen Bewegungen der Menschen in der Stadt fliesst das Wasser ohne Unterbruch. Tag-aus, tagein, mit mehr oder weniger Geschwindigkeit drängt es aus dem Zürcher Seebecken ins Fluss-bett der Limmat, nord- und westwärts, flussab-wärts, unterwegs von der Quelle in den Alpen dem Atlantischen Ozean entgegen.

Im Wasser sind der Himmel, die Häuser, die Stadt gespiegelt. Hier tauchen die Gedanken in die Tiefe, auch Hände und Füsse, wenn die immer heisser werdenden Sommer das Abkühlen zum Thema Nummer eins machen.

Die Wasserwege sind voller Bewegung. Menschen und Maschinen schwimmen hier. Die einen lassen sich treiben, andere kraulen oder paddeln, Schiffe fahren mit oder ohne Motor. Bis in die frühe Neuzeit wurde Handel zu grossen Teilen über die Wasserwege abgewickelt: See und Flüsse dienten als Transport- und Verkehrswege, daran erinnern die Anlegestationen und Gewerbebauten entlang der Ufer.

Auf die Mühlen und die Speicher für Waren und Getreide entlang der Limmat folgten die Badehäuser. An den Ufern von Sihl, Glatt, Letzi, Katzenbach und all den anderen Bächen und Rinnsalen entstanden Spielplätze und Orte für die Gestaltung der Freizeit. Die heute lebenden Generationen nehmen das Wasser vor allem als Erholungselement und -raum wahr. Auch für mich ist das Wasser das Beste an Zürich. Ob auf einer Treppe am Seeufer, in einer Badeanstalt an der Limmat, auf einer Terrasse über der Sihl, auf einer Brücke über dem Schanzengraben, auf einer Wiese entlang der Glatt, im Gebüsch am Katzenbach oder auf dem Spielplatz am

Wolfbach: Das Wasser in seiner ständigen Bewegung zeigt die Vielfalt der Möglichkeiten der Stadt.

Wer in Zürich ankommt, sollte in ein Boot steigen oder im Sommer den Badeanzug anziehen. Auf dem Rücken die Limmat hinuntertreibend und in den Himmel schauend, wirkt Zürich so nahbar und so einladend wie sonst nie. Wer hier schon lange ist und glaubt, alles zu wissen, soll mit einem Kanu über die Flüsse paddeln: Es gibt Räume, die auch nach einem halben Leben in der Limmatstadt noch überraschen.

Der weite, blaue Horizont sei die Grundlage, auf der wir Menschen Dinge erfinden und kreativ sein können, sagte die legendäre italienische Architektin Lina Bo Bardi, als sie nach dem Zweiten Weltkrieg in Brasilien ein neues Leben begonnen hatte.

«Freie Sicht aufs Mittelmeer» forderten Zürcher Künstlerinnen und Künstler in den 1980er-Jahren, als ob nur die Alpen einer rundum gelebten Freiheit im Weg ständen. Deshalb beginnt dieses Buch mit Bildern der Zürcher Gewässer: Weil jede und jeder darin ein Stück Freiheit finden wird.

LINKS: Schiffstation Bürkliplatz OBEN: Ganymed-Skulptur, Bürkliplatz

OBEN: Münsterbrücke RECHTS: Frauenbad Stadthausquai

LINKS: Schipfe   OBEN: Rosenhof, Limmatquai

OBEN: Schanzengraben RECHTS: Sihlbrücke, Bahnhof Selnau

LINKS: Mühlesteg OBEN: Rathausbrücke, Schipfe

OBEN: Sihlpromenade RECHTS: Sihl

30

OBEN: Platzspitzwehr RECHTS: Kraftwerk Letten

Swissmill, Getreidesilo

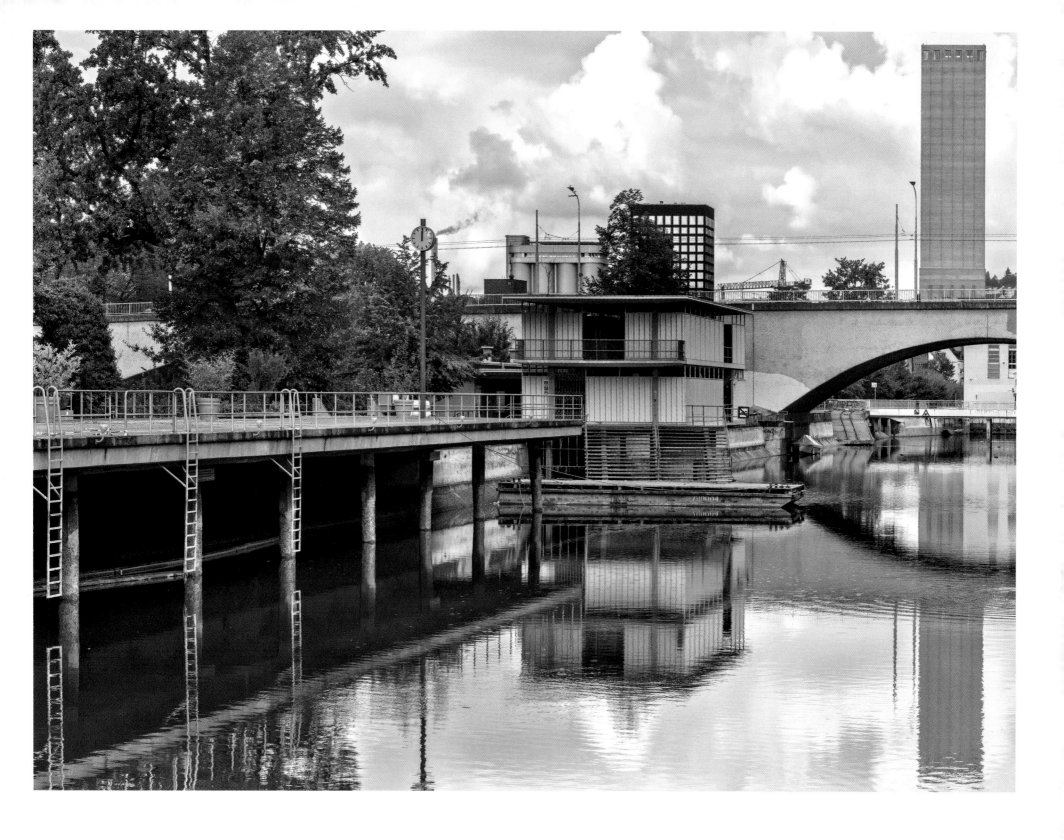

OBEN: Flussbad Oberer Letten RECHTS: Dammsteg

Kraftwerk Höngg

DIE ADERN DER STADT

Kohlendreieck, Hauptbahnhof Zürich

DIE ADERN DER STADT

In Zürich fliesst vieles: das Wasser, der Verkehr, auch viel Geld. Doch dazu später. Auf Strassen und Schienen strömen tagaus, tagein Fussgängerinnen und Fussgänger, Züge für den Nahverkehr und solche für den Fernverkehr, Lastwagen, Busse und Automobile durch die Stadt. Und natürlich die Velos, wie die Zürcherinnen und Zürcher ihre Fahrräder, bicycles, biciclette und bicicletas, dem Französischen vélos entnommen, nennen.

Die Pünktlichkeit der Züge wird von ausländischen Besuchenden oft kommentiert. Bereits zwei Minuten Verspätung werden über Lautsprecheranlagen verkündet und entschuldigt. Schliesslich können diese Minuten den gesamten Fahrplan und Stellplan der vielen Weichen aus dem Takt bringen.

Zürich rühmt sich gerne, eine Velostadt zu sein. Es gibt vielerorts wunderbare Radwege: entlang der Sihl beispielsweise oder durch den Irchelpark. Allerdings gibt es auch immer noch viele Orte, an denen das Velonetz sich mit den Fahrbahnen für Autos oder Trams verknotet und so verwickelt, dass eine vorsichtige Fahrerin sicherheitshalber auf das Trottoir ausweicht. Auch der Gehsteig, das trottoir eben, ist in Zürich französisch benannt: Es ist der Ort fürs «Trotten», Traben und Trippeln, ursprünglich eine langsame Art der Bewegung, die aber unterdessen alle Geschwindigkeiten kennt. Seit nämlich auch in Zürich, wie in vielen Städten, die Elektroroller übers Trottoir flitzen, gibt es auf diesen Flächen am Strassenrand, die zunächst den Fussgängerinnen und Fussgängern zugeteilt waren, vermehrt Konflikte bezüglich eines angebrachten Tempos der Fortbewegung.

Auf den Strassen gilt meistenorts Tempo 50 oder 30: 50 Stundenkilometer, wie es in der ganzen Schweiz für den Verkehr innerorts, also in den Gemeinden und Städten, gilt. Oder 30 Stundenkilometer für Wohn- und Quartierstrassen, die durch diese Temporeduktion sicherer, freundlicher und ruhiger gestaltet werden sollen, was allerdings nicht immer möglich ist. Überall dort, wo kantonale oder übergeordnete Interessen geltend gemacht werden, strömt der Verkehr rasant und mit der entsprechenden Lautstärke an den Menschen und Häusern vorbei.

Das Strassennetz der Stadt Zürich verzeichnet im schweizerischen Vergleich, wie eine Statistik des Bundes kürzlich feststellte, die weitaus grösste

Länge. Mit 847 Kilometern verfügt die Stadt Zürich (ohne Berücksichtigung der Nationalstrassen) über das schweizweit umfangreichste Strassennetz, vor Winterthur mit 423, Bern mit 416 und Bellinzona mit 356 Kilometern.

Zu ihren über 800 Kilometern Strassenlänge ist die Stadt auf verschiedenen Wegen gekommen: Zwischen 1895 und 1933 wuchsen die öffentlichen Verkehrswege infolge der allgemeinen Zunahme der Verkehrsteilnehmenden und vermehrter Mobilität von rund 243 auf 369 Kilometer, wie das Strasseninspektorat festhielt. Das Zürcher Strassennetz, so untermalte das Amt den Vergleich, war nun ebenso lang wie die Bahnlinie St. Gallen–Genf.

Am 1. Januar 1934 verlängerten die Eingemeindungen der acht Vororte Affoltern, Albisrieden, Altstetten, Höngg, Oerlikon, Schwamendingen, Seebach und Witikon das Stadtzürcher Strassennetz um weitere 181 Kilometer und vergrösserten das Strassenareal um 134 Hektar, zusammengesetzt aus 115,5 Hektar Fahrbahnfläche und 18,5 Hektar Trottoir. Zuvor hatten sich am 1. Januar 1893 die elf Nachbargemeinden Aussersihl, Enge und Leimbach, Fluntern, Hirslanden, Hottingen, Ober-strass, Riesbach, Unterstrass, Wiedikon, Wipkingen und Wollishofen mit der Stadt Zürich vereinigt. Die Quartiernamen gelten bis heute.

Die Strassenlängen nehmen trotz vielseitiger Bemühungen für Verkehrsberuhigung weiter zu. Ob wir den Zuwachs auf 900 und vierstellige 1000 Kilometer noch erleben werden? Werden die neuen Verkehrsverbindungen Wohn- oder Schnellstrassen sein? Werden sie unterirdisch liegen und unter wilden Parklandschaften eingehaust sein, wie es am Irchelpark seit Jahrzehnten und in Schwamendingen seit neuester Zeit der Fall ist?

Hauptbahnhof Zürich

Bahnhof Zürich Oerlikon

Bahnhof Zürich Wiedikon

OBEN: Bahnhof Zürich Wipkingen RECHTS: Altstetten

LINKS: VBZ-Zentrum OBEN: Sihlcity Nord

Ausstellungsstrasse

Bahnhof Zürich Stadelhofen

54

OBEN: Hardbrücke RECHTS: Gleisfeld Hauptbahnhof Zürich, Primetower

OBEN: Nordstrasse RECHTS: Rosengartenstrasse

OBEN: Escher-Wyss-Platz RECHTS: Hardbrücke, Prime Tower

LINKS: Hardbrücke OBEN: Escher-Wyss-Platz

OBEN: Pfingstweidstrasse RECHTS: Lettenviadukt

Bahnhof Zürich Enge

LINKS: Tunnelstrasse OBEN: Bahnhof Zürich Wiedikon

67

Bellerivestrasse

Europabrücke

DAS ERBE DER INDUSTRIE

DAS ERBE DER INDUSTRIE

Der Erinnerung an die industrielle Produktion in Zürich wird im 21. Jahrhundert wieder Sorge getragen. Vor einem halben Jahrhundert allerdings war dies anders: Leerstehende Fabrikareale und ihre schwermetallbelasteten Böden erschienen aus wirtschaftlicher wie auch aus ökologischer Sicht nur noch als Altlast. Die Produktion wurde zunehmend ins Ausland verlagert, die freigewordenen Areale gerieten zu Hotspots der Immobilienspekulation.

Während Gestaltungspläne für neue Wohn- und Dienstleistungsquartiere in den ehemaligen Industriegebieten verhandelt wurden, öffneten sich für die Kreativwirtschaft Möglichkeiten für Zwischennutzungen. In den ehemaligen Fabriken und Werkstätten, oft entlang von Gewässern und Gleisen, eröffneten Musikerinnen, Künstler und Kleingewerbler Konzertvenues, Clubs, Studios, Ateliers, Werkstätten und Restaurants.

Die meisten dieser kreativen Nischen in der boomenden Banken- und Dienstleistungsstadt waren als Nutzung auf Zeit vorgesehen. Sie wurden nach einigen Jahren, manchmal Jahrzehnten leergeräumt. Zum Glück aber erkannten beteiligte Planerinnen und Planer den Wert dieser Erinnerungsorte und sorgten dafür, dass einige der Hallen aus vergangenen Jahrhunderten erhalten wurden.

Auch zwischen den Hallen wird die Erinnerung gepflegt, so beispielsweise im MFO-Park. Der Name verweist auf die Maschinenfabrik Oerlikon (MFO), die ab Ende des 18. Jahrhunderts in unmittelbarer Nähe zu den Bahngleisen imposante Industrieanlagen errichtete. Auf über 260 000 Quadratmetern Fläche wurden hier Motoren, Generatoren, Transformatoren und Hochspannungsschalter montiert, Grundlegendes zur Wechselstromkraftübertragung erforscht und in Zusammenarbeit mit der Schweizerischen Lokomotiv- und Maschinenfabrik Winterthur (SLM) die legendäre Lokomotive mit dem Namen «Krokodil» konstruiert.

Neben drei erhaltenen MFO-Hallen erweisen so die Metallgestänge des MFO-Landschaftsparks der ehemaligen Maschinenfabrik Oerlikon die Reverenz. Auf den vielen Treppen und Ebenen des Landschaftsparks dürfen Besucherinnen und Besucher in die Höhe steigen; zwischen rankendem und hängendem Grün schweift der Blick über die Backsteinfassaden der ehemaligen Werkhallen und die neuen Wohnbauten hinter dem Bahnhof.

Oerlikon ist längst keine Haltestelle im Vorort mehr. Als urbaner «Hub» ist das Quartier eines der Aussenzentren in der polyzentrischen Stadt. Neben und zwischen den vielen Dienstleistungsbetrieben im ehemaligen Fabrikareal Oerlikons finden hier seit der Jahrtausendwende in den Räumen der Halle 550 Konzerte, Filmvorführungen, Messen und Events aller Art statt.

Ein ähnlich imposantes Volumen zeigt die Halle 622 auf dem Areal der ehemaligen Maag Zahnräder AG. Auch diese Nutzung ist auf Zeit angelegt, der geplante Abbruch und die Pflege des industriellen Erbes sind Gegenstand heftiger Verhandlungen, die bis vor Bundesgericht gezogen wurden.

Viele andere ehemalige Fabrikhallen sind längst abgerissen und durch höhere, schlankere, für Dienstleistungszwecke ausgelegte Volumen ersetzt. Einige wurden umgenutzt: Gewisse Nutzungen sind dann auf einen längeren, andere nur auf einen kurzen Zeitraum angelegt. Mancherorts ist vieles unbestimmt, wie auf dem Geroldareal. Dort stehen die alten Hallen weiterhin inselartig neben der hochgelegten Autostrasse beim Bahnhof Hardbrücke in Zürich-West. Während einiger Jahre, als ihr Stammhaus saniert wurde, war auf dem Maag-Areal sogar die Zürcher Tonhalle-Gesellschaft untergebracht.

Ehemaliges Bananenlager der Westindischen Bananen-Centrale, Ausstellungsstrasse

LINKS: Technische Berufsschule Zürich OBEN: Ausstellungsstrasse, Hinterhof

Escher-Wyss-Areal

Swissmill

Escher-Wyss-Platz

Schiffbau

Löwenbräu-Areal

LINKS: Giessereistrasse OBEN: Steinfels-Areal, ehemalige Seifenfabrik

LINKS:
Löwenbräu-Areal
RECHTS:
Allgemeine Berufsschule Zürich

Ehemaliges Tramdepot Hardturmstrasse

Halle 550

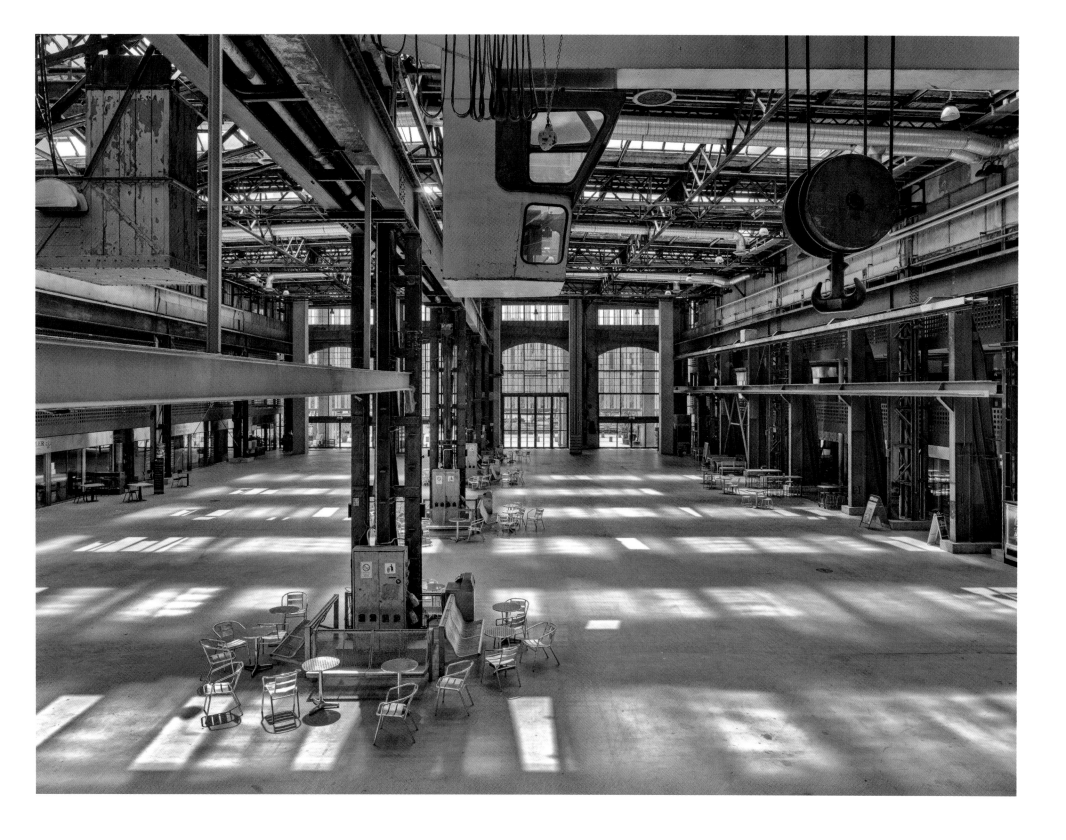

MFO-Park

LINKS: Werkstadt Zürich OBEN: Halle 550

OBEN: EWZ Unterwerk Hardgut RECHTS: Ehemalige SBB-Werkstätte, Letzi Turn

MARKANTES UND MARKENZEICHEN

Blick über die Stadt

MARKANTES UND MARKENZEICHEN

Für Prestigeprojekte ist in Zürich das nötige Geld oft vorhanden. Dies nicht nur, wenn es um Hochschulen, Konzertsäle, Kunstmuseen und -galerien, Bahnhöfe und Banken geht. Auch wenn die Stadtmühle einen höheren Siloturm braucht, sind Investoren zur Stelle. Während die Finanzbranche und Informationstechnologien die Wirtschaftsmetropole dominieren, erinnert Zürichs Stadtpräsidentin Corine Mauch in einer Festschrift für die Stadtmühle daran, wie wichtig die Industrie noch in der heutigen Zeit für die Stadt sei. Selbst die Wirtschaft soll vielfältig bleiben.

Auch ohne rauchende Kamine bleibt Zürich eine Stadt für die industrielle Produktion. Zwar ist die Liste der verschwundenen Industriebetriebe von ABB über Escher-Wyss bis zur Ziegelfabrik im Binz-Quartier eine lange. Aber es gibt neue, wie die Seifenfabrik Soeder, das Bierwerk und die Architekturwerkstatt in situ in den ehemaligen SBB-Werkstätten in Zürich Altstetten, die neu genutzten ABB- und Maag-Hallen oder die Mühle der Swissmill am linken Limmatufer. Die Stadtmühle produziert am alten Ort und ist sogar erweitert worden. Seit 2016 ragt das dortige Silo noch höher, nämlich stolze 116 Meter, gegen den Himmel.

An der Limmat sind die industriellen Betriebe seit eh und je beheimatet: Am Standort der Silo-, Mahl- und Abfüllanlagen der Swissmill war vor gut 200 Jahren die 1780 gegründete Kattundruckerei angesiedelt. Im 19. Jahrhundert übernahm die bis heute für ihre Suppenwürze bekannte Unternehmerfamilie Maggi. Seither veredelt die Fabrik statt Textilien verschiedene Getreide. Die Stadtmühle wird immer wieder umgebaut: in den Anfangsjahren mit verzierten Backsteinfassaden, im 21. Jahrhundert nun mit Solarpaneelen an einem Betonturm.

Um die Skyline von Zürich wurde schon viel gestritten. Unweit des 116 Meter hohen Betonsilos der Swissmill eröffnete wenige Jahre vorher ein noch höheres, ganz in grünliches Glas gekleidetes Bürohaus. Es ist immer noch ein Vorzeigebau der Grundeigentümerin Swiss Prime Site, der Nachfolgerin auf dem Areal der Maag Zahnräder AG. Mit seinen 126 Metern Höhe war der Prime Tower für kurze Zeit, von 2011 bis 2015, das höchste Haus der Schweiz. 2015 wurde er vom 178 Meter hohen Bau 1 am Basler Hauptsitz der Firma Roche überholt, nochmals sieben Jahre später von dessen grösserem Zwillingsbau, dem 205 Meter hohen Bau 2.

Zürich war nie eine Stadt der Hochhäuser: Wie die Zeitleiste des kürzlich aufgeschalteten Zürcher Online-Hochhaus-Viewers zeigt, wurden in den 1980er- und 1990er-Jahren in der Stadt keine neuen Hochhäuser gebaut. Damals war der Zürcher Spitzenreiter das höchste der vier Wohnhochhäuser der Hardau von 1976 mit seinen 94 Metern, bis es dann vom Prime Tower überholt wurde.

Die Zürcher Abneigung gegen Hochhäuser wurde sogar in einem Verbot im kantonalen Planungs- und Baugesetz festgeschrieben, bis 1999 die revidierte Bau- und Zonenordnung Gebiete ausschied, auf denen wieder hohe Häuser gebaut werden konnten. 2001 wurden die ersten Zürcher Hochhausrichtlinien veröffentlicht, die allerdings keine Ruhe in die Diskussion um Hochhäuser brachten. Im Sommer 2024 beschloss der Zürcher Stadtrat aktualisierte Hochhausrichtlinien und die entsprechende Teilrevision der Bau- und Zonenordnung.

Immer noch gibt es laute Stimmen, die die Kirchtürme als einzige Turmbauten mit Weitwirkung verteidigen: Der Klang der Glocken, so der Sozialgeograf Alain Corbin, markierte einst das Territorium der Gemeinden. In diesem Sinn stimmen in der Stadtsilhouette die stumpfen Türme der neuen Büro-, Wohn- und Silohochbauten wie auch die grossen Klötze der Museums- und Hochschulbauten zusammen mit den Kirchturmspitzen ein in den modernen Vielklang derjenigen, die in Zürich etwas zu sagen haben.

LINKS: Alfred-Escher-Denkmal, Bahnhofstrasse   RECHTS: Leuenhof, Bahnhofstrasse

107

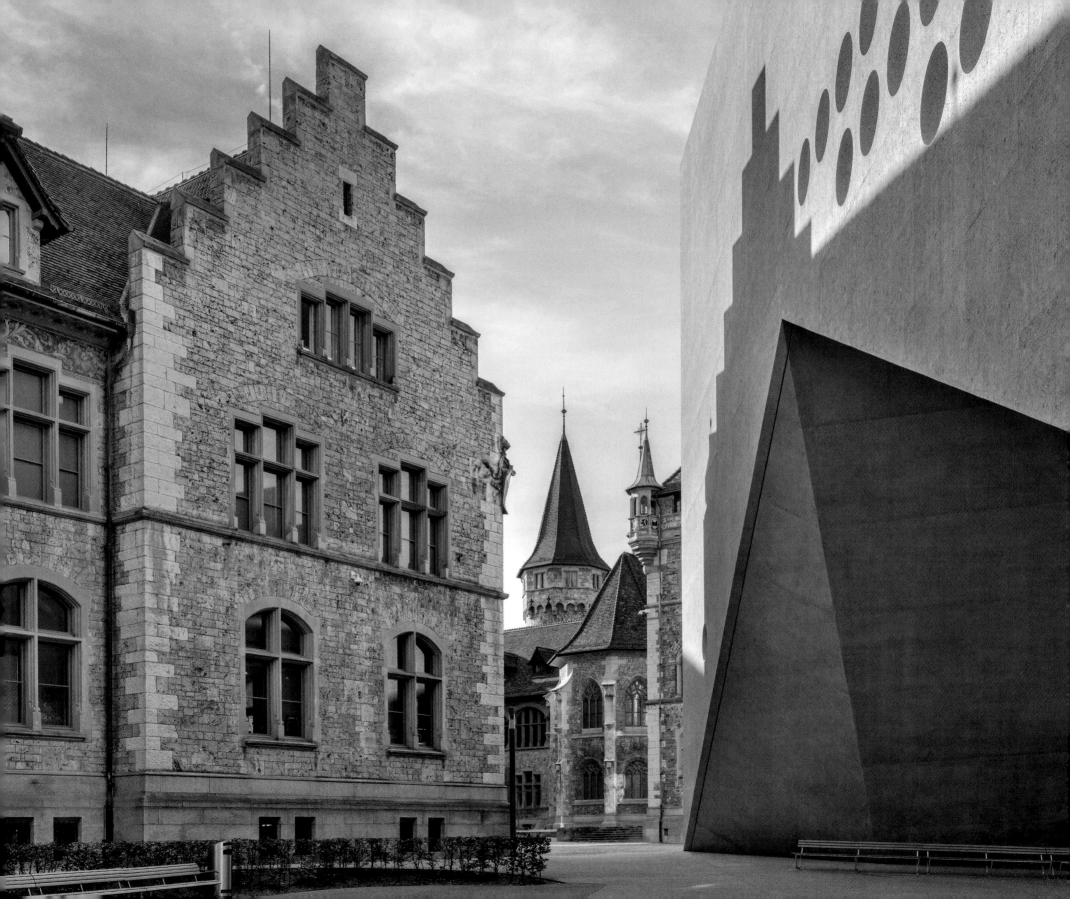

LINKS: Landesmuseum OBEN: Museum für Gestaltung

OBEN: Kanonengasse/Militärstrasse RECHTS: Europaallee

Central, Polybahn

Eidgenössische Technische Hochschule ETH

LINKS: Universität Zürich, Hauptgebäude OBEN: Ehemalige Chemiegebäude der ETH, Universitätstrasse

115

LINKS: Sihlporte, Sihlstrasse OBEN: Jelmoli-Haus

117

Schule Liguster, Oerlikon

Alte Kaserne

OBEN: Chachelihus RECHTS: Urania-Sternwarte

LINKS: Amtshaus III, Eingang
RECHTS: ETH

OBEN: Rechberggarten RECHTS: Pavillon Stockargut

Fortunagasse, Schipfe

LINKS: Augustinergasse
RECHTS: Münsterhof

Rathausbrücke

Limmatquai, Grossmünster

LINKS: Kunsthaus, Erweiterungsbau   OBEN: Swiss Re Next, Mythenquai   135

Opernhaus

Tonhalle

LINKS: Freyastrasse/Zweierstrasse
RECHTS: Kirche Enge

Weisses Schloss, General-Guisan-Quai

Rotes Schloss, General-Guisan-Quai

Villa Patumbah

Museum Rietberg

146

Friedhof Sihlfeld

LINKS: VBZ-Busgarage Hardau, ERZ-Werkhof West   OBEN: Zürcher Hochschule der Künste ZHdK, Pfingstweidstrasse   151

OBEN: Milizfeuerwehr Zürich Nord RECHTS: Hallenstadion, Messe Zürich

URBANE HOTSPOTS

Frau Gerolds Garten

URBANE HOTSPOTS

Hotspots sind «heisse Stellen»: Solche Orte sind hitzig, entflammt; das Leben soll lodern. Es sind Brennpunkte, und gleichzeitig sind sie sehr cool. Sie sind in und trendy – und sie sind vergänglich. Nur schon in der Zeit, bis dieses Buch gedruckt sein wird, werden die coolsten Foodtrucks einen neuen Standplatz gefunden haben. Die Geheimtipps von gestern werden vorgestrig und veraltet sein. Deshalb erstellen wir für Sie, geehrte Leserinnen und Leser, keine Hitlisten von Go-To-Destinationen in der Stadt Zürich.

Vielmehr können wir einige Überlegungen zu den Orten anstellen, die René Dürr über Jahrzehnte fotografisch begleitet hat. Es sind die ehemaligen Industriequartiere hinter dem Bahnhof Oerlikon, rund um den Escher-Wyss-Platz oder in der Binz. Immer noch erinnern Bahngleise an die Güterzüge, die hier einst die Fabriken und die weite Welt verbanden. Jetzt sind es Sounds, Speisen und Getränke, die an ferne Orte erinnern.

Eine Charakteristik der urbanen Hotspots ist, dass sie direkt erlebbar und zu Fuss erreichbar sind. Sie erlauben Nähe und liegen nicht weit hinten am Horizont, sondern vor unseren Nasen, auf Augenhöhe. Die meisten sogar so unmittelbar, dass sie zu klingen, zu riechen und zu schmecken beginnen, wie das Vanilleeis oder das Jazz- oder Elektropop-Konzert, wenn wir uns ins Geschehen stürzen.

Auf dem Boden entscheidet sich, wie eine Stadt dem Alltag standhält. Ganz anders als oben am Himmel spielt die Symbolik gebauter Strukturen am Boden der Stadt keine grosse Rolle. Manches, was aus der Ferne imposant wirkt, fordert aus unmittelbarer Nähe weit weniger Respekt ein: so etwa der Prime Tower, dessen Erdgeschoss nur eine Wand aus Glas ist. Der Weg in die Eingangshalle des höchsten Hauses Zürichs führt über einen Platz ohne Namen, spätestens an der Schranke zur Liftanlage werden Auswärtige abgewiesen. Das glatte, grüne Glas verrät kaum etwas über die Aktivitäten im Innern, aber viel über die neuen Angebote der Stadt: Dienstleistungen über Dienstleistungen über Dienstleistungen.

Es gibt keine Güterzüge mehr auf dem Fabrikareal der ehemaligen Maag-Zahnradfabrik, auch keine Menschen in Overalls. Falsche Adresse. Direkt dahinter allerdings kündigen Leuchtschriften und farbige Lichter Musik und Ausstellungen an.

Auf der anderen Seite der provisorischen Autobahnverbindung über die Hardbrücke liegt Frau Gerolds Garten. Was einst als provisorischer Stadtgarten der Subkultur anfing, hat sich über die Jahre verstetigt, sogar vergrössert. Wie die Autobrücke, die unterdessen restauriert und nicht mehr wegzudenken ist, wird vielleicht auch Frau Gerolds Garten länger als ein Menschenleben existieren. Genauso die Holzbaracke, in der das Kino Xenix seit bald einem halben Jahrhundert operiert; sie wurde vor zwanzig Jahren ausgebaut. Und trotzdem, auch in der vergrösserten Bar, herrscht dort drinnen abends dichtes Gedränge.

Der Charme des Provisorischen lässt sich gut vermarkten, umso mehr noch in Zeiten der allseits beschworenen Kreislaufwirtschaft: Also möglichst nichts Neues kaufen, bauen, anziehen, sondern das bereits Vorhandene schätzen! Dies war vor hundert und vor tausend Jahren einfacher umzusetzen, als die Lieferketten kürzer und langsamer waren. In der heutigen Zeit braucht es eine gewisse Anstrengung, das Vorhandene zu schätzen. Denn für dessen Ersatz braucht es zuweilen nur einen kurzen Klick, und schon ist es überflüssig.

Die Kritik am Konsum betrifft auch die Bauwirtschaft. Dies ganz besonders in Zürich, wo weiterhin sehr viel abgerissen und neu gebaut wird. Die urbanen Hotspots sind in diesem Sinn auch Trendsetter, denn hier wird das Nebeneinander von Jung und Alt, Alt und Neu, Straight und Queer, Bunt und verschiedensten Grauschattierungen regelrecht zur Inspiration.

Hafen Riesbach

Urbansurf, Geroldstrasse

Rote Fabrik, Wollishofen

Langstrasse

LINKS: Quartierpark Schütze-Areal OBEN: Wipkingerpark

167

Sechseläutenplatz

Musikpavillon, Bürkliplatz

Herzbaracke, Bellevue

OBEN: Olé-Olé-Bar, Langstrasse RECHTS: Alte Kaserne

LINKS: Summergarte, Kasernenareal OBEN: Bar am Damm, Hönggerstrasse

OBEN: Les Halles, Pfingstweidstrasse RECHTS: Kino Xenix, Kanzleiareal

Komplex 457, Altstetten

Brauerstrasse

Hirschenplatz, Niederdorf

LINKS: Zum Frischen Max, Oerlikon OBEN: Maag Halle

VERSTECKTE ORTE

VERSTECKTE ORTE

Manche Orte verblüffen sogar einen Fotografen. Wenn René Dürr die Stadt durchquert, unterwegs zu einem möglichen Ziel, gibt es Momente der Überraschung. Es tauchen plötzlich Orte auf, die sogar aufmerksamen Beobachterinnen und Beobachtern entgehen könnten: zwischen Baustellen im Industriegebiet etwa ein Eigenbau ohne Baubewilligung oder ein Hinterhof mit bemalten Ruinen mitten im Kreis 5.

Diese versteckten Orte existieren vielleicht seit Jahren, manchmal aber auch nur wenige Wochen, Tage oder Stunden lang. Zuweilen wird eine nicht erwünschte Fassadenmalerei innert Stunden entfernt. Einige, wie die Hinterhofspielplätze im Kreis 5, sind das Resultat langwieriger Prozesse, an denen Quartierbewohnerinnen und Stadtplaner das kleinste gemeinsame Vielfache ihrer Interessen zur grösstmöglichen Umsetzung bringen.

René Dürr, wie viele Kilometer haben Sie für diese Bilder zurückgelegt?

Mit meiner analogen Mittelformatkamera, einem grossen und ziemlich schweren Gerät, bin ich immer wieder kreuz und quer durch die Stadt gewandert. So habe ich viele Orte entdeckt, die ich in den letzten sechs Jahren für dieses Buchprojekt teilweise noch einmal, teilweise zum ersten Mal mit einer digitalen Fachkamera fotografiert habe. Ich wünschte, ich könnte nun sagen, wie viele Kilometer ich für die Bilder in diesem Buch zurückgelegt habe, entweder fahrend, meistens auf meiner Vespa, oder zu Fuss. Grundsätzlich bin ich ein sehr neugieriger Mensch. So habe ich bestimmt auch gelegentlich Grenzen überschritten, als ich genauer sehen wollte, was hinter den Mauern in den nun hier gezeigten Hinterhöfen versteckt liegt.

An welchem dieser Orte möchten Sie sich am liebsten selbst verstecken?

Es gibt viele Orte, auch im Buch nicht abgebildete, an denen ich mich gerne verstecken würde. Ein Favorit ist sicher der Hinterhof im Kreis 5 mit zurückgebliebenen und erhaltenen Reststücken eines Hinterhofbaus. Er strahlt aus meiner Sicht eine ganz besondere Atmosphäre aus, wie sie aus der Seele des ehemaligen Gebäudes kommt. Und er erinnert an die Bewohner und an die Abbruchfirmen. Und nicht zuletzt an die Sprayerinnen und

Künstler, die den Überresten dieser Häuser neues Leben gaben. Durch die Zusammenarbeit der Bewohner und Behörden ist ein Aufenthaltsort und ein Spielplatz für Kinder entstanden. Diesen Ort entdeckte ich per Zufall, als ich hier einkaufen ging und durch ein Fenster in den Hof blickte. Die Verkäuferin erklärte mir dann, wo der Eingang liegt.

Unweit der grossen Plätze der Stadt gibt es in Zürich vielerlei Nischen und Hinterhöfe. Anders als die prominenten Räume, die Platz für Öffentlichkeit und Gemeinschaftliches bieten, sind diese Räume versteckt und oft auch vergänglich. Es sind Zwischenräume – sowohl in der Konstellation der Häuser als auch im Kontinuum der Zeit. Wer sie einmal entdeckt haben mag, findet sie unter Umständen ein paar Tage oder Jahre später nicht mehr wieder.

Dieses Dazwischen in Raum und Zeit beschrieb der amerikanische Schriftsteller Peter Lamborn Wilson a.k.a. Hakim Bey in den 1980er-Jahren prägnant mit seiner Wortschöpfung «temporäre autonome Zone». Er plädierte für einen gewaltfreien Anarchismus, der die Gesellschaft mittels Poesie und spontaner Aktionen verändern würde. Er nahm darin auch die Ideen der Situationistischen Internationale auf, die ein Vierteljahrhundert zuvor eine Revolution des Alltags mit den Mitteln von Kunst und Literatur einforderte.

Ob Bey oder die Situationisten Zürich als geeignet für ihren poetischen Aktionismus eingeschätzt hätten, ist nicht bekannt. Klar aber ist, dass es in Zürich Orte gibt, die Platz für wilde Ideen lassen. Vor allem passiert dies in den Stadtgebieten im Übergang, wo die Prozesse des Wandels vielerlei Freiräume für verschiedenste Akteurinnen und Akteure ermöglichen. René Dürrs Impressionen zeugen von der Existenz dieser versteckten Orte im Dazwischen von Raum und Zeit der Limmatstadt, die bei Auswärtigen oft als poliert und aufgeräumt gilt. Doch so glatt und glänzend viele Oberflächen scheinen mögen, es gibt auch hier Brüche und Zwischenräume. In diesen Nischen darf die Vorstellungskraft sich einnisten. Gedanken und Träume finden ihre Orte, und immer wieder neue.

190

OBEN: Zentralwäscherei, Neue Hard RECHTS: ETH, Departement Informatik

OBEN: Güterstrasse RECHTS: Toni-Areal

LINKS: Schöneggstrasse OBEN: Hohlstrasse

OBEN: Pfingstweidstrasse RECHTS: Räffelstrasse, Binz

Zweierstrasse

Militärstrasse

Wipkingerplatz

Kenngottweg

Martin-Luther-Kirche, Kurvenstrasse

Lagerstrasse

OBEN: Bienenstrasse RECHTS: Letzigraben

Burrischopf, Wasserwerkstrasse

Sihlquai

LINKS: Cigarettenfabrik, Sihlquai
RECHTS: Areal Schärenmoosstrasse

Weinbergstrasse

Zahnradstrasse

NEMO SALTAT SOBRIUS

Sandstrasse

Kirche Fluntern

AM STADTRAND

Koch-Areal

AM STADTRAND

Die Frage, ob Städte im 21. Jahrhundert noch Grenzen oder Ränder haben, ist berechtigt. Orte lassen sich zwar noch bezüglich ihrer Distanz von einem mehr oder weniger weit entfernten Zentrum beschreiben, als Peripherie der Stadt. Scharfe Ränder, wie sie etwa in Zürich bis ins 18. Jahrhundert noch mittels befestigter Stadtgrenzen in Form von Mauern oder Gräben markiert waren, gibt es aber kaum mehr. Vielerorts wachsen Gemeinden zusammen, die Übergänge verschwimmen.

Was geschieht, wenn die Peripherie nicht mehr nur ein unbedeutender Rand, sondern ein Ort des Handelns, des Wohnens, Arbeitens und der Freizeit wird? Längst haben sich diese Ränder der Stadt so entwickelt, dass ihre Funktion nicht mehr eindeutig ist. Wo hört die Stadt auf, wo ist sie mit dem Umland zusammengewachsen? Beginnt die Agglomeration bereits in der Stadt oder hat sich die Stadt über ihre Grenzen hinaus fortgesetzt? Und was tut die Natur, wenn sie allseits umworben und verwertet wird und dabei gleichzeitig wild wirken soll, um der Stadt ihr Gegenteil entgegenzuhalten?

Die Unschärfe der Konturen in der Peripherie bildet sich auch in einer Unschärfe der Begriffe ab. Der Architekt Marcel Meili forderte deshalb in seinem legendären «Brief aus Zürich» eine neue Art der Aufmerksamkeit für diese «Koexistenz, wie sie heute durch die Präsenz von Provisorien und ungelösten Orten in der Stadt vorgeführt wird».

Diese Forderung, sich nicht mit oberflächlichen Bildern zufriedenzugeben, sondern in die Tiefe der Geschichte einzutauchen, knüpfte an die Metapher der Stadt als Palimpsest an, wie sie der Städtebauhistoriker André Corboz anfangs der 1980er-Jahre beschrieb: Wie die immer wieder mit neuen Texten überschriebenen Schriftstücke der Antike und des Mittelalters erzeugt auch die ständige Veränderung und Neubesetzung der Stadtlandschaft Überlagerungen, in denen die Spuren des Vergangenen Teil einer solchen Koexistenz sind. Diese Ideen sind aktueller denn je. Und wenn Architektinnen wie Inge Beckel und Ariane Widmer Pham über die «historische Tiefe des Bodens» als Ausgangspunkt neuer Planungen sprechen, legen sic auch einen Soundtrack für Bilder wie diese von René Dürr.

Mit Geduld und Melancholie erkunden seine Fotografien die Schichtungen, Überlagerungen und Unschärfen, wie sie in der Peripherie der Stadt als zuweilen überraschende, manchmal schwebende, unscharfe und sich verändernde Konturen auftauchen. Sie zeigen städtebauliche Palimpseste in Wohnsiedlungen, Schrebergärten und an Autobahnauffahrten, inmitten dichter Bebauungen oder in der Natur, wo die Stadt plötzlich weit entfernt scheint.

Diese Bilder erzählen die Geschichte der Stadt nicht als auf einem weissen Blatt Papier entstandene Idee, sondern dokumentieren mit feinem Gespür die Schichtungen des Gebauten und Gewachsenen über die Zeit. Dabei tauchen sie in die Tiefe der Geschichte ein und greifen die räumlichen wie zeitlichen Dimensionen der Stadt auf. Die angesammelten Spuren, Erinnerungen und Möglichkeiten der Landschaft bilden eine Gleichzeitigkeit verschiedenster vergangener, gegenwärtiger und sogar zukünftiger Bebauungen und Aktionen. Alle miteinander scheinen sie aus den Bildern in diesem Band zu sprechen.

Wollishofen

OBEN: Triemli, Uetliberg RECHTS: Brunau, Allmend

OBEN: Neudorf, Oerlikon RECHTS: Leutschenbach

LINKS: Regensbergstrasse   OBEN: Neudorf, Oerlikon

Utogrund

Grünau

Bändliquartier

Katzensee

RENÉ DÜRR

René Dürr, geboren 1958 in Zürich, ist seit mehr als 30 Jahren als Fotograf tätig. Nach der Ausbildung zum Maurer und Hochbauzeichner arbeitete er zunächst als Hochbauprojektleiter bei namhaften Zürcher Architekturbüros. Schon in jungen Jahren begann er sich parallel mit der analogen Grossformatfotografie und dem Fine Art Printing auseinanderzusetzen. Die praktische fotografische Ausbildung absolvierte er bei den Kunstfotografen Peter Gasser (CH) und Andreas Weidner (D). Seit 2002 arbeitet er als freischaffender Architekturfotograf mit ansehnlichem Kundenportfolio in Zürich. Neben diversen Einzel- und Gruppenausstellungen zeigte er seine Arbeiten 2016 im Rahmen der Architekturbiennale Venedig an der Ausstellung «TIME SPACE EXISTENCE» des Europäischen Kulturzentrums. Zwei Jahre später wurden seine Venedig-Fotografien an der Architekturbiennale 2018 in Kollaboration mit Vitra ausgestellt. Seine freien fotografischen Arbeiten zu Venedig erschienen 2022 im Buch *Venezia. Stille Magie der Lagunenstadt* im AS Verlag.

Die Inspiration für seine persönlichen Werke findet René Dürr bei verschiedenen Fotografen und Fotografinnen wie Ansel Adams, Bernd und Hilla Becher oder Edward Burtynsky. Seine Herangehensweise hat Gemeinsamkeiten mit derjenigen von Bernd und Hilla Becher, die als Vertretende der Neuen Sachlichkeit gelten. Was seine Bilder auszeichnet, ist sein ausgesprochener Sinn für Komposition, Licht und Atmosphäre sowie sein untrügliches Gespür für den richtigen Moment und Bildausschnitt. Diese Qualitäten treten auch in seinen Fotografien der Stadt Zürich klar zutage, die in ihrer stilistischen Geradlinigkeit und motivischer Vielfalt ein einzigartiges, faszinierendes Panorama der Limmatstadt zeichnen.

SABINE VON FISCHER

Sabine von Fischer schreibt Essays, Kurzgeschichten und wissenschaftliche Berichte, oft über Städte, Orte, Architektur und Baukultur. Verschiedene kurze und lange Texte, dazwischen auch Architekturentwürfe, wurden mit Preisen ausgezeichnet. So erhielt Sabine von Fischers Dissertation am Institut für Geschichte und Theorie der Architektur der ETH unter dem Titel *Das akustische Argument. Wissenschaft und Hörerfahrung in der Architektur des 20. Jahrhunderts* (gta Verlag 2019) den Prix Colladon der Schweizerischen Gesellschaft für Akustik. Zuletzt landete ihr Buch *Architektur kann mehr. Von Klimawandel entschleunigen bis Gemeinschaft fördern* (Birkhäuser 2023) auf der Shortlist der «Schönsten deutschen Bücher».

Aufgewachsen ist Sabine von Fischer in der Innerschweiz und am Stadtrand von Zürich in Affoltern. Nach der Matura legte sie in Zürich den gestalterischen Vorkurs ab und lernte in Edinburgh Lithographie, Radierung und Monotypie. Anschliessend studierte sie an der ETH Zürich Architektur und setzte ihre Kenntnisse während einiger Jahre als Architektin in New York City ein. Seit bald zwanzig Jahren lebt sie wieder in Zürich, unterdessen in einer vierköpfigen Familie mit Wurzeln auf drei Kontinenten. Unterwegs ist sie weiterhin. Erst waren es vor allem Forschungen im Gebiet der Sound Studies, die sie nach Montréal und Berlin führten, später dann Recherchen für Zeitungstexte als Architekturredaktorin im Vollzeitpensum. In jüngster Zeit sind es nun Betrachtungen über *Grosse Themen im kleinen Kanton. Baukultur in Nidwalden* (Denkmalpflege Nidwalden, 2024) und Spaziergänge durch Ortschaften und im Kopf, wie für das vorliegende Buch.